BEI GRIN MACHT SICH IHR
WISSEN BEZAHLT

- Wir veröffentlichen Ihre Hausarbeit,
  Bachelor- und Masterarbeit

- Ihr eigenes eBook und Buch -
  weltweit in allen wichtigen Shops

- Verdienen Sie an jedem Verkauf

Jetzt bei www.GRIN.com hochladen
und kostenlos publizieren

Bibliografische Information der Deutschen Nationalbibliothek:

Die Deutsche Bibliothek verzeichnet diese Publikation in der Deutschen National-bibliografie; detaillierte bibliografische Daten sind im Internet über http://dnb.d-nb.de/ abrufbar.

Impressum:

Copyright © 2019 GRIN Verlag
Druck und Bindung: Books on Demand GmbH, Norderstedt Germany
ISBN: 9783668991064

Daniel Schreiber

Aus der Reihe: e-fellows.net stipendiaten-wissen

e-fellows.net (Hrsg.)

Band 3164

Bedeutung von Schutz persönlicher und sensibler Daten im mobilen Endgerätebereich

GRIN Verlag

GRIN - Your knowledge has value

Der GRIN Verlag publiziert seit 1998 wissenschaftliche Arbeiten von Studenten, Hochschullehrern und anderen Akademikern als eBook und gedrucktes Buch. Die Verlagswebsite www.grin.com ist die ideale Plattform zur Veröffentlichung von Hausarbeiten, Abschlussarbeiten, wissenschaftlichen Aufsätzen, Dissertationen und Fachbüchern.

Besuchen Sie uns im Internet:

http://www.grin.com/

http://www.facebook.com/grincom

http://www.twitter.com/grin_com

Institute for Information Management and Control

Research Paper

Bedeutung von Schutz persönlicher und sensibler Daten im mobilen Endgerätebereich

Vorgelegt von   Daniel Schreiber

Bearbeitungszeitraum des Research Papers   12. Oktober 2018 bis 24. Jänner 2019

Abgabedatum des Research Papers   24. Jänner 2019

Inhaltsverzeichnis

Abbildungsverzeichnis

Tabellenverzeichnis

Abkürzungsverzeichnis

AES	Advanced Encryption Standard
AI	Artificial Intelligence
API	Application Programming Interface
DMA	Direct Memory Access
DSGVO	Datenschutzgrundverordnung
EMUI	EMotion User Interface
EU	Europäische Union
FDE	Full Disk Encryption
MES	Modern Encryption Standard
MWC	Mobile World Congress
OS	Operating System
RNG	Random Number Generator
UI	User Interface

1. Abstract

Sicherheitsaspekte in der mobilen Welt gewinnen immer mehr an Bedeutung. Smartphones und andere mobile Endgeräte stellen für viele Menschen den Mittelpunkt ihres Lebens dar und in Folge dessen befinden sich auf mobilen Geräten, wie Smartphones, immer mehr sensible und höchst persönliche Daten, diese müssen um jeden Preis geschützt werden. Dies ist Grund genug für viele Hersteller ein besonderes Augenmerk auf die Entwicklung der bestmöglichen Technologien und Methoden zum Schutz der Daten ihrer Kunden zu legen. Im Rahmen dieser Arbeit werden mögliche Arten persönliche Daten zu schützen thematisiert, ebenso wie diverse Authentifikationsmethoden für den besseren Schutz von Daten. In weiterer Folge ist auch ein Überblick von potentiellen zukünftigen Technologien im Bereich des Datenschutzes und der zunehmenden Bedeutung von Datenschutz Teil dieser Arbeit.

2. Research Paper Description

2.1. Problemstellung

Jüngste Ereignisse im Bereich des Datenschutzes, z.B. Datenskandale großer Internetfirmen oder Ermittlungen von US Bundesbehörden (Kremp, 2015), führen den Menschen immer mehr zu Gemüte, dass Datenschutz eine besondere Rolle in ihrem Leben spielen sollte. Datenschutz ist aber nicht zwangsläufig mit der Sicherheit im Internet gleichzusetzen. Die Problematik mit dem Schutz des persönlichen Umfelds, persönliche und sensible Daten, werden oftmals vernachlässigt und ihnen wird keine so hohe Priorität beigemessen, wie anderen Datensätzen im privaten Leben.

2.2. Zielvorstellung

Die Zielvorstellung dieser Arbeit sollte es sein einen groben Überblick über die Entwicklung von Datenschutzmaßnahmen im Smartphone Bereich zu geben, ebenso einen Ausblick in dieser Branche zu gewähren. Im Fokus sollen hierbei Methoden zum Datenschutz und Authentifikation stehen.

2.3. Forschungsfragen

Das Ziel im Rahmen dieser Arbeit ist es die folgenden Forschungsfragen zu beantworten:

- Wie werden persönliche Daten auf Smartphones heute geschützt und welche Faktoren beeinflussen das Bewusstsein für Datenschutz?
- Welche Technologien ermöglichen einen umfassenden Schutz für sensible und persönliche Daten und wie zuverlässig bzw. sicher sind diese?

- In welche Richtung wird sich der Schutz von Daten auf Smartphones entwickeln? Wie wird in Zukunft mit dem Thema der Authentifizierung umgegangen?

2.4. Ziele des Research Projektes

Eines der Hauptziele dieser Arbeit ist es die Bedeutung des Datenschutzes auf Smartphones darzustellen, weiters soll auch ein Überblick über verschiedenste Arten des Datenschutzes auf Smartphones gegeben werden. Ein weiteres Ziel ist es einen umfassenden Ausblick über die Zukunft des Datenschutzes im Bereich Technologie und Bedeutung zu geben.

2.5. Methode

Bei dieser Arbeit handelt es sich um eine umfassende Literaturarbeit, welche zum größten Teil auf wissenschaftlichen Artikeln basiert. Als Basis für diese Arbeit dient ein Literature Review. Das Vorgehen ist wie folgt:

Die Auswahl der Artikel findet mittels Screenings der Abstracts und Inhaltsübersichten statt, jene mit besonderer Bedeutung für die Arbeit kommen in die Auswahl. Für dieses Screening werden unterschiedliche Arten der Suchwortkombinationen verwendet. Gesucht wird in unterschiedlichen Datenbanken immer mit den gleichen Suchwortkombinationen (WU Katalog Plus, IEEE, WISO, etc.)

In einem weiteren Schritt werden die ausgewählten Artikel entsprechend ihren Themen geclustert, sprich es gibt Cluster mit den folgenden Inhalten:

- Aktuelle Bedeutung und Rolle von Datenschutz
- Technologien
- Zukünftiges und Ausblick auf die Branche

Der Nächste Schritt besteht aus einem genauen untersuchen der einzelnen Artikel und Struktur in die Themencluster zu bringen. Ziel dieses Vorgehens ist es einen genauen Überblick über die Informationen der einzelnen Artikel zu bekommen, um diese anschließend in den einzelnen Kapiteln der Arbeit verarbeiten zu können.

Ein weiterer Aspekt der Arbeit ist es die beschriebenen Technologien anhand von Beispielen zu veranschaulichen. Informationen für diese Produkte bzw. Services werden auf Basis einer Internetrecherche über diverse Herstellerseiten und Erfahrungsberichte von Usern bezogen. Ziel des Heranziehens von Beispielen ist der Vergleich der Geräte und Technologien. Besonderes Augenmerk wird hier vor allem hinsichtlich Schutzes und Zuverlässigkeit der zum Einsatz kommenden Technologien gelegt.

3. Bedeutung des Schutzes von Daten auf mobilen Endgeräten

Der Schutz von Daten spielt im Alltag der Menschen eine immer größere Rolle, die wachsende Bedeutung von Datenschutz wird in den folgenden Abschnitten dieses Kapitels anhand der Entwicklung, Einflussfaktoren und aktuellen Schutzmaßnahmen verdeutlicht.

3.1. Entwicklungen im Laufe der Zeit

Das Thema Datenschutz hat sich vor allem mit der stetigen Weiterentwicklung von Mobiltelefonen in der Gesellschaft verankert. Die ersten Mobiltelefone kamen in den 1940ern in den USA zum Einsatz. Bei diesen Geräten handelte es sich um teure Luxusgüter, welche nicht für die breite Masse der damaligen Gesellschaft gedacht waren. Die Verbreitung der Geräte war so gering, dass auch Datenschutz keine Rolle für damalige User spielte. In den 70er Jahren des 20. Jahrhunderts folgte dann die erste Generation des Mobilfunks (1G). In späteren Jahren wurden die Standards rasant verbessert und ermöglichten so das Senden und Empfangen von Daten über die Mobilfunknetze (z.B. Internetdienste am Handy), User können mittels fortschrittlichster Technologien Geschwindigkeiten von bis zu 100Mbits erreichen. Aktuell ist die Netzabdeckung nahezu weltweit mittels LTE[1] gewährleistet, doch die nächste Generation (5G[2]) befindet sich bereits in den Startlöchern und es wird bald mit dem großflächigen Ausbau beginnen, damit das Netz beginnend ab 2020 für die Bevölkerung verfügbar sein wird. Die Rolle von Datenschutz hat sich in den Jahren jedoch sehr stark gewandelt, von nicht existent in den 40er Jahren bis hin zu sehr etabliert in der aktuellen Generation, dies alles kann vor allem auf die Tatsache der globalen Vernetzung zurückgeführt werden. Die Mobilfunknetze werden immer schneller und leistungsstärker, sodass immer mehr Funktionen von diesen bewältigt werden können und somit auch immer größere Mengen an Daten anfallen werden, diese müssen vor Missbrauch oder falscher Verwendung geschützt werden (Al-Hadadi & Shidhani, 2013).

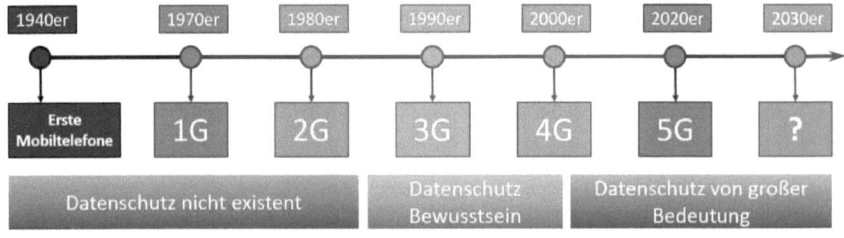

Abbildung 1 - Zeitleiste zur Entwicklung des Bewusstseins für Datenschutz (Al-Hadadi & Shidhani, 2013)

---

[1] LTE – Long Term Evolution oder 4G
[2] 5G Mobilfunktechnologien richten sich in erster Linie an die Industrie, diese ermöglichen Echtzeit-Monitoring von autonom fahrenden Autos, welche eine hohe Gebietsabdeckung benötigen

Die Augen der gesamten Tech-Welt richten sich jedes Jahr im Februar auf Barcelona, wenn am Mobile World Congress die Zukunft im Mobile Sector vorgestellt wird, die vorgestellte Palette umfasst das ganze Repertoire der Mobilfunkindustrie (von Smartphones bis hin zu Wearables). Der MWC ist das Zentrum für die neuesten Technologien und Produkte, seit 2012 ist der Kongress auch zur bedeutenden Bühne für die Präsentation neuer Technologien zum Schutz von Daten aufgestiegen (Goth, 2012).

Die Beachtung des Schutzes der eigenen Daten kam vor allem durch die weltweite Vernetzung immer mehr ins Rampenlicht, um dadurch letzten Endes auch die mobilen Endgeräte zu erreichen und nachhaltig zu verändern. Tatkräftige Unterstützung leisten in der heutigen Zeit vor allem Hersteller von Smartphones und anderen mobilen Geräten (Kusyanti & Prastanti, 2017).

3.2. Bedeutung von Datenschutz und Einflussfaktoren

Mobile Endgeräte, allen voran Smartphones sind zu einem fixen und essentiellen Bestandteil unseres täglichen Lebens geworden, ebenso wie die Bedeutung vom Schutz der persönlichsten Daten auf den ständigen Begleitern (Temper, Tjoa, & Kaiser, 2016). Lange Zeit herrschte die Meinung, dass sich User nicht um die Sicherheit ihrer Daten kümmern würden, doch 2012 hat Goth mit einer Studie das genaue Gegenteil bewiesen. Goth zufolge steigt das Bewusstsein für Datenschutz in der Bevölkerung rasant an, es ist den Menschen nicht mehr länger gleichgültig was mit ihren sensiblen und höchst persönlichen Daten auf ihren Geräten passiert.

Die Bedeutung von Datenschutz reicht von physischem bis hin zu digitalem Schutz. Szenarien könnten Beispielsweise der physische Verlust eines Gerätes sein, aber auch Malware, Viren oder Würmer (Kusyanti & Prastanti, 2017).

Das Bewusstsein für Datenschutz kann anhand von diversen Modellen und Einflussfaktoren beschrieben werden. Al-Hadadi und Shidhani (2013) haben im Verlauf ihrer Studien die folgenden Faktoren und Indizes identifizieren und bestimmen können:

- User Trust Factor: Dieser Faktor beschreibt das Verhalten der Daten, die abgelegt werden, laut Al-Hadadi und Shidhani (2013) legen rund die Hälfte aller Nutzer sehr sensible Daten (Fotos, Texte, etc.) auf ihren Smartphones ab.

- User Familiarity: Dieser Index beschreibt das Vorgehen in Fällen von Updates und sonstigen Sicherheitsfragen. Die Umfragen von Al-Hadadi und Shidhani (2013) bringen zu Tage, dass mehr als 50% aller User keine Ahnung haben, was sie tun, wenn sie einem Update zustimmen oder einer Applikation Zugriff auf bestimmte Daten gewähren.

- User Confidence: Das Selbstvertrauen der User wird bestärkt durch Empfehlungen durch Familie oder Freunde. Laut Al-Hadadi und Shidhani (2013) stellen User keine Fragen mehr bezüglich Sicherheitsbedenken, wenn sie die Empfehlung von einem bekannten Menschen erhalten haben.

Die drei dargelegten Faktoren geben Aufschluss darüber wie sehr sie sich dem Thema Datenschutz und seinen Folgen widmen. Die Studie von Al-Hadadi und Shidhani (2013) hat ergeben, dass für User auch durch andere Einrichtungen (Regierungen, Hersteller, etc.) noch Potential zu einer Erhöhung des Bewusstseins für Datenschutz besteht.

Andere Einflussfaktoren können den Psychologischen Bedürfnissen entnommen werden, diese basieren auf der Bedürfnispyramide von Maslow (1970). Eine simple Erklärung für menschliches Verhalten im Bereich des Datenschutzes kann beispielsweise aus dem Bedürfnis der Autonomie abgeleitet werden (Kraus, Wechsung, & Möller, 2017). Die Erfüllung dieser Bedürfnisse spielt für Menschen eine übergeordnete Rolle, daher werden sie ständig versuchen dieses

Bedürfnis nach Autonomie zu erfüllen (Hassenzahl, 2010). Veranschaulicht kann die Erfüllung der Bedürfnisse an den folgenden Beispielen werden:

- Verwendung der Sicherheitseinstellungen von WhatsApp (Rashidi & Vaniea, 2015)
- User sorgen sich um die physische Unversehrtheit ihrer Geräte (Chin, Felt, Sekar, & Wagner, 2012)
- Angst vor Datendiebstahl durch fehlerhafte Backups, Malware, schlechter Batterielebensdauer, etc. (Chin et al., 2012)

Das Ergebnis einer von Kraus et al. (2017) durchgeführten Studie brachte zum Ausdruck das die Erfüllung des Autonomiebedürfnisses (Kontrolle über die eigenen Sicherheitseinstellungen) eine besondere Rolle in der Vorbeugung von Unsicherheiten und Gefahren im Zusammenhang mit Datenschutz spielt.

Abschließend können auch Ängste vor Gefahren als Gründe für erhöhtes Datenschutzbewusstsein herangezogen werden. Diese Ängste sind auf physische Gefahren oder Risiko durch Software zu verstehen (Altuwaijri & Ghouzali, 2018). Die nachfolgende Abbildung veranschaulicht anhand eines Überblicks in beiden Kategorien die einzelnen Gefahren für User.

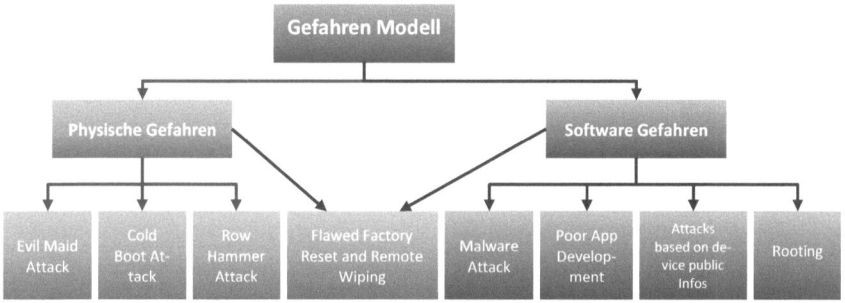

Abbildung II - Adaptierte Version des Gefahren Modells[3] von Altuwaijri und Ghouzali (2018)

3.3. Aktuelle Schutzmaßnahmen für Daten auf mobilen Endgeräten

Smartphones sind, wie bereits erklärt, der Mittelpunkt unseres täglichen Lebens geworden, dank diesem Umstand haben die Menschen weltweit eine breite Auswahl an verschiedenen Geräten und Betriebssystemen. Die größten unter ihnen sind zweifelsohne Apple mit iOS und Google mit Android, diese haben jeweils 14% bzw. 85,9% Marktanteil (Gartner, 2018). Andere Hersteller wie Microsoft mit Windows oder Blackberry sind laut aktuellster Zahlen nicht mehr existent, alle anderen Hersteller und Betriebssysteme teilen sich auf 0,1% des weltweiten Marktes für Smartphone-Betriebssysteme auf (Gartner, 2018).

---

[3] Detaillierte Beschreibungen zu den einzelnen Gefahren des Modells sind Teil des Appendix

Zwei große Anbieter für Betriebssysteme haben sich auf einem umkämpften Markt etablieren können, diese beiden Betriebssysteme unterscheiden sich jedoch grundlegend, was die möglichen Schutzmaßnahmen betrifft. Das Kernelement eines erfolgreichen Schutzmechanismus ist der Screen-Lock[4] (Schlöglhofer & Sametinger, 2012).

Laut Schlöglhofer und Sametinger (2012) sind auf beiden Systemen am weitesten verbreitet die klassischen Pin-Codes. Andere Methoden wären graphische Unlock-Maßnahmen, wie Android sie seinen Usern bietet, oder aber es kommen herkömmliche Passwörter zum Einsatz.

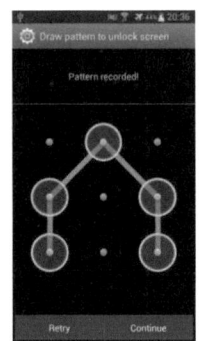

Abbildung III - Pin Eingabe unter iOS (Apple Inc., 2018b) | *Abbildung IV - Grafische Authentikation unter Android (Marcel, 2013)* | *Abbildung V – Slide-To-Unlock unter iOS (Clover, 2013)*

Hersteller moderner Smartphones ermöglichen ihren Usern eine freie, sehr umfangreiche Auswahl an verschiedenen Schutzmechanismen, dennoch entscheiden sich rund 50% gegen den Einsatz von Screen-Lock Maßnahmen. Im Rahmen einer umfassenden Studie können Sari, Ratnasari, und Prasetio (2016) aufzeigen, dass vor allem Bedienfreundlichkeit und Schwierigkeit solcher Maßnahmen dazu beitragen, dass sich User gegen den Einsatz von Sicherheitsmechanismen entscheiden. Viele User geben weiter an, dass es zu zeitaufwendig ist Pins oder Passwörter einzugeben, aus diesem Grund sind graphische Maßnahmen beliebter und werden von Usern bevorzugt. Ben-Asher et al. (2011) erklären in ihrer Arbeit, dass die einfachsten Wischgesten (meist ein Wischen von links nach rechts) am beliebtesten bei den Usern sind, bei diesen wird jedoch ohne Sicherheitsvorkehrungen der Bildschirm entsperrt. Dieses Faktum macht sie gleichsam auch zur Unsichersten Form der Entsperrung und ermöglicht jedem Zugriff auf das Smartphone und die persönlichen Daten. Diese Trägheit im Verhalten der User hat auch viele Hersteller dazu motiviert in Zukunft auf biometrische Verfahren zum Schutz von Daten zu setzen (siehe Kapitel 5).

---

[4] Der Screen-Lock ist das zentrale Element des Smartphones, bevor man den eigentlichen Zugriff auf die Daten am Gerät erhält

4. Heutige Technologien zum Schutz von Daten

Dieses Kapitel soll einen Überblick über heute eingesetzte Technologien geben, diese Technologien unterteilen sich in zwei wesentliche Themenbereiche. Zum einen um Authentifizierungstechnologien und zum anderen Verschlüsselungstechnologien von Daten. Komplettiert wird der Inhalt durch Vergleich neuer Smartphones hinsichtlich Technologien und Verschlüsselungsmethoden.

4.1. Authentifikationstechnologien

In den vorangegangenen Kapiteln findet sich bereits ein grober Überblick über die Vorstellung von Usern bezüglich Datenschutzes und Sicherheit auf Smartphones. In diesem Teil liegt der Fokus auf der passenden Authentifikation für den Schutz von Daten.

Grundlegend kann gesagt werden, dass sich in der heutigen Literatur viele verschiedene Authentifizierungstechnologien widerfinden. Beispiele hierfür wären One-Time Authentifikationstechnologien (Passwörter, die lediglich einmal verwendet werden) wie sie Triandopoulus et al. (2013) entwickelt hat. Andere Definitionen finden sich auch bei Crouse, Han, Chandra, Barbello, und A. Jain (2015) oder Feng et al. (2012), diese beiden Autoren beschreiben Terminologien für kontinuierliche Authentifikation. Die Vielzahl an Terminologien und unterschiedlichen Definitionen von Authentifizierung lassen sich dennoch auf drei dominante Technologien herunterbrechen. Schneider (2005) schreibt in ihrer Arbeit, dass diese Technologien ihren Fokus auf „something you know", „something you have" oder "something you are" legen. Die folgende Abbildung illustriert diese drei Authentifizierungstechnologien.

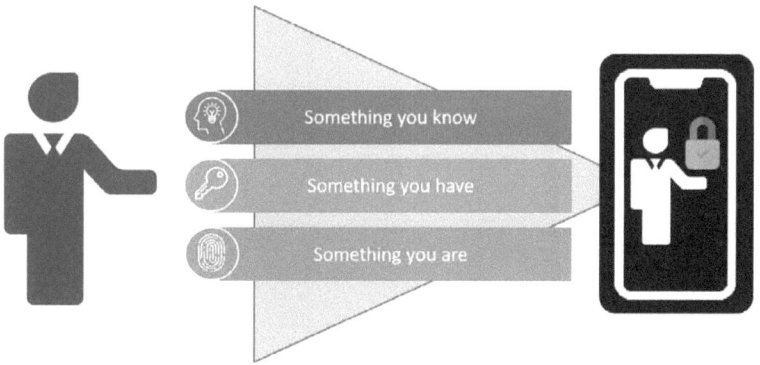

Abbildung VI - Adaptierte Darstellung von Wegen zur menschlichen Authentifikation von Gupta, Buriro, und Crispo (2018)

Nachfolgend werden die unterschiedlichen Arten der Authentifikation näher beschrieben und definiert:

- **Something you know**

  Bei dieser Form der Authentifizierung handelt es sich um eine gedächtnisbasierte Authentifikationstechnologie. Diese Form der Authentifikation umfasst Pins, Passwörter und grafische Methoden. Beschreibungen und exemplarische Beispiele sind in Teilen von Kapitel 3.3 dieser Arbeit zu finden. Kern dieser Authentifikationstechnologie ist das Wissen des Users über seine Informationen zur sicheren Verwendung seines Smartphones (Passwörter, Pins, etc.) (Gupta et al., 2018)

- **Something you have**

  Diese Authentifizierungsform wird oftmals auch als Tokengestützte Authentifikation bezeichnet. Token sind zusätzliche Codes, die von Usern verwendet werden um die Authentifikation sicherer zu gestalten (2-Faktor-Authentifizierung[5]). Token können auf verschiedene Arten generiert werden, heute üblich sind das Übermitteln mittels SMS, die Verwendung eines Gerätes oder einer App für die Generierung. Eingesetzt wird die 2-Faktor-Authentifizierung in vielen Bereichen des täglichen Alltags, von Telebanking bis hin zu Online-Shopping (Gupta et al., 2018).

- **Something you are**

  Kernelement dieser Authentifikation ist die individuelle Biometrie der User. Hierbei wird zwischen physischen Eigenschaften und Verhaltensmustern unterschieden (Gupta et al., 2018).

  Die nachfolgende Tabelle gibt einen Überblick über die verschiedenen Eigenschaften bzw. Verhaltensmustern.

Abbildung VII - Adaptierte Darstellung von biometrischen Eigenschaften zur Authentifikation von Gupta et al. (2018)

---

[5] Bei 2-Faktor Authentifizierung handelt es sich um eine 2-stufige Authentifikation mittels Passwortes oder Pin und zusätzlich einem One-Time Passwort oder Pin

All die gezeigten biometrischen Eigenschaften benötigen entsprechende Sensoren zum Erkennen der diversen Eigenschaften und des Verhaltens (Gyroskope, Touch-Screens, Mikrophone, etc.) (Forsblom, 2015). Laut Gupta et al. (2018) ist der Einsatz von Verhaltensmustern zur Authentifikation wesentlich kostengünstiger für Hersteller, da keine zusätzlichen Sensoren verbaut werden müssen und dadurch Materialkosten eingespart werden können. Für Konsumenten entsteht auch noch der Vorteil, dass durch die eingesparten Sensoren und daraus resultierenden Platz und Gewichtseinsparungen, noch kompaktere Bauweisen bei Smartphones ermöglicht werden.

Unter Berücksichtigung der verschiedenen Arten der Authentifikation kann laut Gupta et al. (2018) weiter auch noch nach dem Typus der Authentifikation unterschieden werden. Eine Übersicht der verschiedenen Authentifikations-Typen findet sich in der folgenden Abbildung.

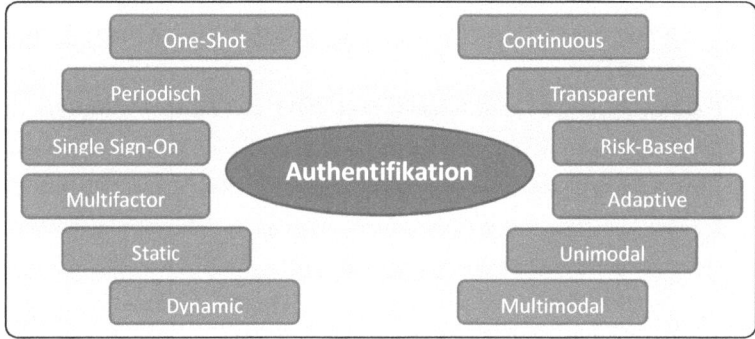

Abbildung VIII - Eigene Darstellung der Verschiedenen Authentikationstypen[6] nach Gupta et al. (2018)

Die Kombination von Art und Typ der Authentifikation soll für den User das bestmögliche Resultat liefern, sprich es soll möglichst einfach für ihn zu verwenden und dabei aber dennoch sehr sicher und vertrauenswürdig sein (Theofanos, Micheals, & Stanton, 2009).

Laut einer Studie von Harbach, Zezschwitz, Fichtner, Luca, und Smith (2014) werden traditionelle Methoden (Pin, Passwort, etc.) zur Authentifikation von Usern nicht mehr als sicher empfunden, weil diese jede beliebige Person für den Zugriff auf das Gerät autorisieren können. Sicherer ist daher ein Zurückgreifen auf biometrische Eigenschaften (Fingerabdrücke oder Gesichtszüge) der User, doch selbst bei Verwendung von biometrischen Eigenschaften sind die persönlichen Daten der User nicht absolut sicher.

---

[6] Detaillierte Beschreibungen der einzelnen Authentifikationstypen sind Teil des Appendix

4.2. Verschlüsselungstechnologien

Das Kernelement aller Smartphones sind die gespeicherten Daten, damit diese Daten erfolgreich vor Dritten geschützt werden können, bedarf es Schutzmechanismen. Die Standardform dieser Mechanismen ist die Verschlüsselung. Wie schon bei Authentifikationstechnologien, unterscheiden sich die Verschlüsselungstypen ebenso bei iOS und Android. Obwohl die Verschlüsselung der Daten ein sehr Ressourcenintensiver Prozess ist, wird bei beiden Systemen jedoch großer Wert daraufgelegt, dass es zu keinerlei Beeinträchtigungen von Batterielebensdauer, Speicherplatz und Leistung kommt (Olaleye, Ranjan, & Ojha, 2017).

4.2.1. Verschlüsselung unter Android von Google

Die Einführung von Verschlüsselung fand in Version 4.0 von Android statt, konkret wurden die Full Disk Enryption und die KeyChain eingeführt. Beide Technologien können unabhängig von der jeweils anderen eingesetzt werden (Jacobson et al., 2013; Zhaohui Wang, Murmuria, & Stavrou, 2012).

- **Full Disk Encryption nach Jacobson et al. (2013) und Zhaohui Wang et al. (2012)**
  Der Grundgedanke der Full Disk Enryption ist eine vollständige Verschlüsselung aller Daten auf dem Gerät, diese werden dadurch vor ungewolltem Zugriff oder Missbrauch geschützt. Zur Entschlüsselung verwendet der User ein Passwort, welches mitbestimmt wie sicher die Daten geschützt sind. Standardmäßig ist die FDE in Android 4.0 nicht aktiviert und muss erst vom User selbst in den Einstellungen aktiviert werden, dies kann laut Hruska (2016) ein Sicherheitsrisiko darstellen. Erst spätere Versionen (ab Version 6.0) verpflichten User zur Verwendung von FDE, wobei jedoch auch festgehalten wird, dass nicht alle Geräte, die unter Android laufen auch in der Lage sind FDE auszuführen. Eine Schwachstelle der Technologie ist zweifelsohne der hohe Ressourcenverbauch während des Verschlüsselungsprozesses, dies kann zu Leistungseinbußen und sehr stark erhöhtem Batterieverbrauch führen. Laut Teufl et al. (2014 - 2014) kann generell gesagt werden, dass eine Vielzahl von Geräten mit adaptierten Android Versionen betrieben wird. Diese Hersteller setzen oftmals auch ihre eigenen Verschlüsselungen ein, dadurch kommen andere Arten von FDE zum Einsatz, die sich von jener in der Stock Version Androids teils sehr unterscheiden.

- **KeyChain**
  Die KeyChain API ist eine zusätzliche Methode, die es Entwicklern erlaubt User Daten zu speichern und diese in anderen Apps zu verwenden. Diese Methode ist losgelöst von der Verwendung der FDE und kann unabhängig von dieser eingesetzt werden. Desweiteren wird die Verschlüsselung der FDE durch den Einsatz der KeyChain nicht erweitert, Daten werden

durch Einsatz beider Methoden nicht besser geschützt. User wählen, wie bei FDE, ihren Pin oder Passwort, um den Master Key zu entschlüsseln, daher beeinflussen User die Sicherheitsstärke der KeyChain durch die Stärke ihrer Passwörter. Schlechte Passwörter verringern die Effektivität der Verschlüsselung maßgeblich und machen das Gerät anfälliger für Attacken (Altuwaijri & Ghouzali, 2018; Teufl et al., 2014 - 2014).

Neben den beiden Technologien existieren aktuell auch schon Verschlüsselungsmethoden mittels Cloud, diese basieren auf dem MES-II Algorithmus. Hierbei wird die Cloud zur Verschlüsselung und Entschlüsselung von Informationen verwendet. Dieses System bringt aber den großen Nachteil, dass heute nicht überwacht werden kann, wo sich die Daten auf dem Weg zur Cloud oder von der Cloud gerade befinden. Die Verschlüsselung der Daten findet vor dem Übermitteln an die Cloud statt (Agrawal & Kulurkar, 2016; Alomari, Samsudin, & Ramli, 2014).

4.2.2. Verschlüsselung unter iOS

Sicherheit spielt für Apple eine besondere Rolle, weswegen auch eine spezielle Kombination von Hard- und Software zum Schutz von Daten eingesetzt wird. Die zwei zentralen Elemente dieses vielschichten und komplexen Schutzsystems sind die Hardware- und Dateiverschlüsselung (Apple Inc., 2018a).

- **Hardwareverschlüsselung**

  Apples Ansicht nach muss bei der Verschlüsselung von Daten ein angemessenes Gleichgewicht zwischen Leistung, Geschwindigkeit und Energieverbrauch gefunden werden. Um dieses Ziel zu erreichen ist die Hardwareverschlüsselung von Geräten die unter iOS (aktuelle Version 12) auf die Hardware der einzelnen Geräte zugeschnitten. Die Verschlüsselung findet mittel AES-256 Crypto Engine im DMA-Pfad eingebaut. Der DMA-Pfad befindet sich zwischen dem Flash-Speicher und dem Hauptspeicher des Gerätes. Eine weitere wichtige spielt hierbei die Secure Enclave[7] in welcher die Identifikationsnummern der Geräte abgelegt werden, dies passiert bereits im Fertigungsprozess der Geräte. Die Basis für die kryptographische Verschlüsselung ist der RNG, welcher sich in der Secure Enclave befindet, dieser generiert sämtliche Schlüssel, die für die Verschlüsselung der Daten auf dem Gerät notwendig sind (Apple Inc., 2018a).

---

[7] Die Secure Enclave von iOS betriebenen Geräten ist ein Ko-Prozessor, welcher für die Verschlüsselung und die kryptographischen Prozesse auf dem Gerät verantwortlich ist.

- **Dateiverschlüsselung**

  Unter Dateiverschlüsselung versteht Apple eine zusätzliche Absicherung der Daten im Flash-Speicher des Gerätes. Im Fokus des Datenschutzes stehen hier vor allem normale Funktionen wie eingehende Anrufe oder sonstige User Daten. Dieser Prozess ist ein automatisiertes Vorgehen der Software, sprich die Software schützt die Daten der User automatisch und ununterbrochen. Die Basis für die Verschlüsselung ist eine Reihe verschiedener Schlüssel, diese wiederum sind jeweils für einzelne Teilbereiche des Dateisystems (APFS) notwendig um die Daten dort zu sichern (Apple Inc., 2018a).

Daten werden unter iOS in verschiedene Klassen unterteilt, hierbei wird zwischen vier verschiedenen Schutzklassen unterschieden, diese reichen von vollständigem bis gar keinem Schutz[8]. Elementare Bedeutung für den Schutz von Daten hat Apple dem Passcode verliehen, dieser stellt das Zentrum für die Verschlüsselungs-Schlüssel dar. Dies bedeutet wiederum, dass es zwingend notwendig ist den Passcode zu besitzen, da ansonsten kein Zugriff auf bestimmte Schutzklassen gewährt werden kann. Sollte durch eine Attacke versucht werden Zugriff auf die Daten des Gerätes zu bekommen, drosselt das System die Geschwindigkeit für einen Versuch auf 80 Millisekunden. Somit würde die Entschlüsselung durch Probieren bei einem 6-stelligen Alphanumerischen Passcode mehr als 5 Jahre dauern, hinzu kommen noch Verzögerungen und kurzfristige Sperren für das oftmalige falsche eingeben des Codes (Apple Inc., 2018a).

Weitere Elemente des Datenschutzsystems unter iOS wären der Keychain Datenschutz und diverse Keybags, diese stellen jedoch keine direkten Verschlüsselungstechnologien dar, sondern vielmehr allgemeine Schutzmaßnahmen auf iOS Geräten (Apple Inc., 2018a).

---

[8] Complete Protection, Protected Unless Open, Protected Until First User Authentication und No Protection

4.3. Vergleich von Technologien anhand aktueller Smartphones

Der folgende Überblick in Tabellenform soll verdeutlichen, dass sich derzeit am Markt (vor allem im High-End Smartphone Markt) einige unterschiedliche Technologien bewähren, jedoch auch Gemeinsamkeiten im Hinblick auf den Schutz der Daten vorliegen (Price, 2018); Al-Hadadi & Shidhani, 2013). Die Informationen für den folgenden Vergleich stammen von den Internetauftritten der Hersteller (Apple Inc., 2018b; Google Inc., 2018; Huawei, 2018; Samsung, 2018).

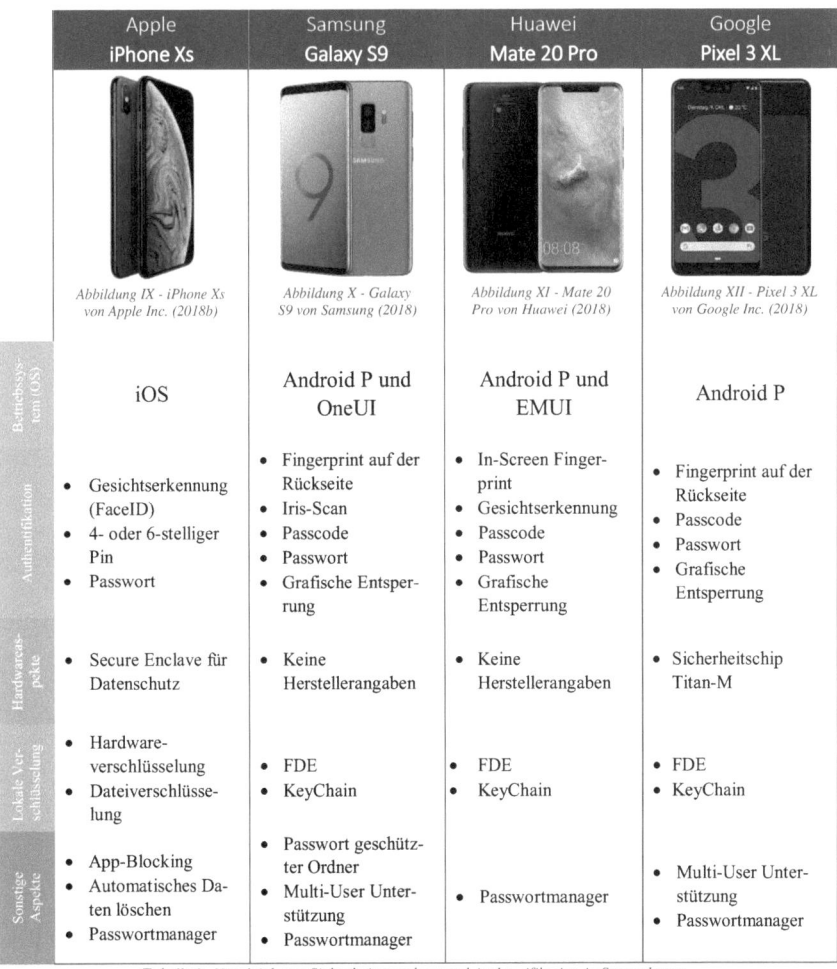

	Apple **iPhone Xs**	Samsung **Galaxy S9**	Huawei **Mate 20 Pro**	Google **Pixel 3 XL**
	Abbildung IX - iPhone Xs von Apple Inc. (2018b)	*Abbildung X - Galaxy S9 von Samsung (2018)*	*Abbildung XI - Mate 20 Pro von Huawei (2018)*	*Abbildung XII - Pixel 3 XL von Google Inc. (2018)*
Betriebssystem (OS)	iOS	Android P und OneUI	Android P und EMUI	Android P
Authentifikation	• Gesichtserkennung (FaceID) • 4- oder 6-stelliger Pin • Passwort	• Fingerprint auf der Rückseite • Iris-Scan • Passcode • Passwort • Grafische Entsperrung	• In-Screen Fingerprint • Gesichtserkennung • Passcode • Passwort • Grafische Entsperrung	• Fingerprint auf der Rückseite • Passcode • Passwort • Grafische Entsperrung
Hardwareaspekte	• Secure Enclave für Datenschutz	• Keine Herstellerangaben	• Keine Herstellerangaben	• Sicherheitchip Titan-M
Lokale Verschlüsselung	• Hardwareverschlüsselung • Dateiverschlüsselung	• FDE • KeyChain	• FDE • KeyChain	• FDE • KeyChain
Sonstige Aspekte	• App-Blocking • Automatisches Daten löschen • Passwortmanager	• Passwort geschützter Ordner • Multi-User Unterstützung • Passwortmanager	• Passwortmanager	• Multi-User Unterstützung • Passwortmanager

Tabelle I - Vergleich von Sicherheitsaspekten und Authentifikation in Smartphones

Der Überblick in der obenstehenden Tabelle veranschaulicht, dass es keinen Unterschied im Bereich der herkömmlichen Authentifikation mit einem Pin zwischen Herstellern oder OS gibt.

Es gibt in der gesamten Industrie jedoch sehr unterschiedliche Herangehensweisen für biometrische Authentifikation, während das iPhone XS mit einer sehr zuverlässigen Gesichtserkennung (FaceID) zu überzeugen versucht, setzen Hersteller, wie Samsung, Google und Huawei auf Fingerabdruck als Mittel zur Authentifikation. Bei Fingerabdruckscannern muss jedoch auch unterschieden werden, ob es sich um klassische Scanner oder neuartige Infrarottechnologien (In-Screen Scanner) handelt, dies hat erheblichen Einfluss auf die User-Erfahrung. In-Screen Scanner haben oftmals eine höhere Reaktionszeit, die haben verzögernde Wirkungen auf den gesamten Entsperrprozess und können sich sehr negativ auf die User-Erfahrung auswirken. Im Bereich der Hardware Eigenschaften für Sicherheitsdienste bieten vor allem das iPhone XS und Pixel 3 XL mit zusätzlichen Prozessoren, deren Aufgabe die Sicherung von lokalen Daten ist, ausreichende Sicherheitsfunktionen.

Tests der einzelnen Geräte im Hinblick auf Sicherheit und Datenschutz zeigen, dass aktuell das iPhone XS im Bereich Datenschutz die Nase vorn hat, die Konkurrenz jedoch sehr knapp hinter Apples Top-Modell platziert ist (Price, 2018).

5. Zukunft von Datenschutz und Sicherheitsaspekten

Ziel dieses Abschnittes ist es zu verdeutlichen, dass in Zukunft der Schwerpunkt für Datenschutz auf bestimmten Technologien liegen wird, aber auch zu beschreiben, inwiefern sich der Umgang mit Datenschutz verändern bzw. gleichbleiben wird.

5.1. Technologien

Aktuellste Technologien, wie biometrische Authentifikationsmethoden, werden in Zukunft weiter an Bedeutung gewinnen. Aktuell liegt der Fokus bei diesen auf physischen Eigenschaften, in Zukunft jedoch soll der Fokus auf das Verhalten der User verlagert werden um die Systeme so noch sicherer zu machen (Galdi, Nappi, Dugelay, & Y. Yu, 2018).

In der Fachliteratur zu diesem Thema gibt es eine breite Masse an verschiedenen Methoden, im Kern handelt es sich stets um kontinuierliche Authentifikation mittels Biometrie (Ehatisham-ul-Haq, Awais Azam, Naeem, Amin, & Loo, 2018; Feng et al., 2012; Kanade, Petrovska-Delacrétaz, & Dorizzi, 2012; Kroeze & Malan, 2016; Smith-Creasey & Rajarajan, 2017 - 2017; Temper et al., 2016; Wu, W.-C. Lin, C.-T. Lin, & Wei, 2015; Yang et al., 2019). Die zentralen Elemente dieser Variante der Authentifikation ist, dass Daten aus den verschiedenen Sensoren ausgelesen werden und dann mittels Algorithmus ausgewertet werden. Methoden wie jene von Feng et al. (2012), Yang et al. (2019) und Ehatisham-ul-Haq et al. (2018) erreichen bereits heute Erfolgsraten von über 95% bei Authentifikation mittels kontinuierlicher Erkennung der User. Bei dieser Form der Authentifikation werden unter anderem Daten im Bereich des Wischverhaltens am Touchscreen, Druckpunkte und Druckverhalten, Dauer von Berührungen, Lage und Position des Smartphones während der Verwendung, herangezogen. Ein genauer Zeithorizont bis zu einer marktreife kann laut den Autoren zum aktuellen Zeitpunkt noch nicht abgesehen werden.

Verschlüsselung kann in Zukunft noch sicherer werden, erreicht kann dies werden indem die Schlüssel nicht mehr auf den Geräten gespeichert werden. Kanade et al. (2012) und Altuwaijri und Ghouzali (2018) beschreiben in ihrer Arbeit die Möglichkeit des Einsatzes von biometrischen Kryptosystemen, welche die passwortgestützte Verschlüsselung ersetzen können. Die hinter einem solchen System ist der Einsatz einer biometrischen Eigenschaft (Fingerabdruck, Gesicht, etc.) zur Entschlüsselung von Daten auf dem Gerät. Diese Technologie brächte den Vorteil, dass ohne den User die Daten auf dem Gerät nicht entschlüsselt werden können und diese somit noch geschützter vor Fremdzugriff wären.

Eine weitere Technologie, die vor allem den Angriffen von Hackern strotzen soll ist der 3DPin. Pins können oft leichte Beute für Datendiebe sein, einmal schnell über die Schultern schauen und schon kann der Pin eines Users in falschen Händen sein. 3DPins setzen auf 3D-Displays, wie sie bereits im Nintendo 3DS eingesetzt werden. Großer Vorteil dieser 3D-Technologie ist, dass keine zusätzlichen Brillen für den 3D-Effekt benötigt werden. Der Gedanke hinter dem 3D-Pin ist es das neuartige Display zu nutzen und dadurch den Pin einzugeben, aufgrund der Verschwommen Wahrnehmung bei unterschiedlichen Betrachtungswinkeln sind die User sicher vor Datendiebstahl (Lee, Kim, & Franklin, 2016).

Zukunftsweisend dürfte auch der Einsatz von AI werden, wenn es nach Deane (2018) geht. In seiner Arbeit erklärt er, dass AI im Bereich des Datenschutzes eine Reihe von Vorzügen mit sich bringt, darunter hohe Geschwindigkeit, hohes Potential und einen hohen Automatisierungsgrad. Mittels AI können so eine sehr große Menge an Daten innerhalb kürzester Zeit verarbeitet und analysiert werden. Funktionen für die AIs herangezogen werden können, wären einerseits die Identifikation oder Verfolgung, Stimm- und Gesichtserkennung, sowie Vorhersage von Ereignissen in Bezug auf Datenschutzbelange. Aus den vielen Vorzügen der AI entwachsen jedoch auch Probleme, hier zu nennen sind der Missbrauch der analysierten Daten durch Individuen, Organisationen oder Regierungen (Temming, 2018).

5.2. Umgang mit Authentifikation und Datenschutz

Eine bedeutende Rolle wird in Zukunft den Herstellern von Smartphones, aber auch den Anbietern von Software zukommen. Studien zeigen, dass User immer noch herkömmlichen Standrechnern mehr vertrauen als dem Datenschutz auf den Smartphones (Egelman et al., 2014). Hersteller nehmen diese Aufgabe besonders ernst, die Pioniere in diesem Bereich sind Apple und Samsung, beide Unternehmen wollen in Zukunft noch mehr auf das Thema aufmerksam machen (Pickup, 2017). Im Rahmen der CES 2019 in Las Vegas hat Apple einmal mehr damit geworben, dass Daten auf dem iPhone besonders sicher sind und nicht an Dritte weitergegeben werden, wie dies beispielsweise bei anderen Anbietern von Soft- oder Hardware der Fall ist (Veitinger, 2019).

Samsungs Vision von Authentifikation ist das Entsperren von Smartphones mittels Gedanken. Simpel erklärt, das Smartphone wird zum Kopf des Users bewegt, kann so die Gedanken auslesen und wird durch diese Gedanken entsperrt, da das Smartphone eindeutig erkennen kann, dass es sich um die Gedanken seines Besitzers handelt. Der Head of Enterprise von Samsung Mobile Europe ist sich sicher, dass diese Vision eines Tages Realität werden kann. Doch bis dahin wird der Fokus auf verstärkten Datenschutz gelegt, ein erster Schritt wird sein die Authentifikationstechnologien sicherer zu gestalten. Größte Bedeutung wird dabei den biometrischen Authentifikationstechnologien beigemessen (Pickup, 2017).

Wie aktuelle Berichte und Tests zeigen, können auch biometrische Verfahren zur Authentifikation umgangen werden, so ist es zum Beispiel Apple mit seinen Technologien für Fingerabdruck (TouchID) und Gesichtserkennung (FaceID) ergangen. Apple versicherte, dass es sich bei diesen beiden Methoden zur Authentifikation um besonders sichere Verfahren handeln würde (Guinness, 2018). Die Realität hat aber gezeigt, dass Fingerabdrücke ganz einfach mit Silikon-Modellen umgangen werden können (Brandom, 2016; Guinness, 2018). Für die Umgehung der Gesichtserkennung gibt es eine spezielle Maske, mit exakten Nachbildungen der betroffenen Gesichtszüge kann die Gesichtserkennung des iPhone X und XS sehr leicht gehackt werden (Schwan, 2017). Auch die Technologien anderer Hersteller, beispielsweise Samsung, sind Ziel von Angriffen auf die Verlässlichkeit ihrer Authentifikationsmethoden geworden. So ist es Hackern gelungen, die Gesichtserkennung auf einem Galaxy S8 mittels Foto der betroffenen Person zu umgehen (Janssen, 2017). An diesen Beispielen lässt sich erkennen, dass aktuelle biometrische Verfahren nicht absolut sicher sind, dennoch kann gesagt werden, dass sie im Vergleich mit anderen Authentifikationsverfahren sicher sind. Verdeutlicht wird dies an den Wahrscheinlichkeiten, dass eine Technologie umgangen werden kann, wie die folgende Tabelle veranschaulicht.

Authentifikationsmethode	Wahrscheinlichkeit für erfolgreiches Umgehen der Authentifikation
4-stelliger Passcode	0,01%
6-stelliger Passcode	0,0001%
Fingerabdruck (TouchID)	0,002%
Gesichtserkennung (FaceID)	0,0001%

Tabelle II - Wahrscheinlichkeiten für Umgehung der Authentifikation von Guinness (2018)

Im Bereich der Authentifikation kann wie bereits erwähnt ein noch stärkerer Trend in Richtung biometrische Authentifikation erkannt werden. Dieser würde vor allem einer Vereinfachung des Alltags gleichkommen. User würden wesentlich leichter Authentifikationsmethoden anwenden können und vor allem trotzdem geschützter sein, als bisher (Finextra, 2017). Andererseits zeigen neueste Erkenntnisse von Gewirtz (2019), dass der Raum für neue Technologien und bahnbrechende Neuerungen in Zukunft ausbleiben könnten. Die Industrie scheint am Zenit angekommen zu sein und lediglich Verbesserungen in kleinen inkrementellen Schritten sind zum Usus der Mobilfunkindustrie geworden.

5.3. Zukünftige Bedeutung von Datenschutz auf mobilen Endgeräten

Schon heute sammeln Smartphones Unmengen an Daten an, darunter persönliche Daten wie GPS Verläufe, Gesundheitsdaten, Nachrichten, und viele mehr. Diese Daten sind für viele Dritte von besonderem Interesse und können für Unsummen verkauft werden. Genau aus diesem Grund müssen sie geschützt werden, aber auch die User müssen sich dessen bewusst werden. Es ist vielen Menschen aktuell nicht bekannt, welche Daten auf ihren Smartphones gespeichert sind und wer Zugriff auf diese hat. Insofern ist es wichtig, dass es in Zukunft gesetzliche Regelungen im Umgang mit gespeicherten persönlichen Daten gibt (Crain, 2015; Temming, 2018).

Als Schritt in diese Richtung kann die DSGVO gesehen werden, die den Umgang mit persönlichen Daten innerhalb der EU regelt. Paradebeispiel bei der Umsetzung der EU-Verordnung ist Apple. Der Konzern aus Cupertino nützt seine Stellung als weltgrößtes Technologie-Unternehmen vor allem zum Vorteil seiner User aus, beispielsweise dient die DSGVO nun als Grundlage für Datenschutzbelange im gesamten Konzern, weltweit (Ritchie, 2018). Der Konzern nutzt die Verordnung der EU, um seine Überzeugung für Datenschutz zu kundzutun. Die DGSVO war lediglich eines der Bekenntnisse zum Datenschutz seitens Apple, andere waren eine Reduktion der Datensammlungen, mehr Transparenzbestimmungen, Verschlüsselung und Speicherung auf lokalen Geräten und vor allem eine Weiterentwicklung der Sicherheitsstandards in der Apple Produktwelt.

Jene Richtung der DSGVO sollte auch in anderen Bereichen eingeschlagen werden, vor allem im Gesundheitsbereich sind unzähligen Aufzeichnungen der Sensorik moderner Smartphones häufig ausgenommen. An vielen Orten der Erde gibt es laut Cruz (2019) noch keine rechtlichen Rahmenbedingungen, wie mit diesen Daten umgegangen werden soll und vor allem darf. Viel zu oft werden Daten zu illegitimen Zwecken missbraucht, die leidtragenden in diesen Fällen sind immer die betroffenen User. So gut wie nie hat einzelne User die Wahl und kann sich aussuchen, welche Daten von den Sensoren aufgezeichnet werden und welche nicht. In diesem Bereich müssen laut Cruz (2019) auf jeden Fall Rahmenbedingungen geschaffen werden, damit es zu keinerlei fälschlichen oder missbräuchlichen Verwendungen solcher höchst sensibler Daten mehr kommen kann.

6. Diskussion

Anhand der dargelegten Ergebnisse kann gesagt werden, dass die Bedeutung von Datenschutz im Verlauf der Zeit immer wichtiger für Menschen geworden ist. Dies lässt sich vor allem an den Studien von Al-Hadadi und Shidhani (2013) und Kusyanti und Prastanti (2017) klar erkennen. Die Bedeutung von Datenschutz kann auf eine Reihe unterschiedlicher Einflussfaktoren zurückgeführt werden (Kusyanti & Prastanti, 2017). Diese werden von diversen Autoren in ihren Modellen näher bestimmt und lassen somit Rückschlüsse auf die Wichtigkeit von Datenschutz für die einzelnen User zu. Besonders hervorzuheben ist hier, dass es für User von größter Bedeutung ist, dass die eingesetzten Methoden möglichst einfach zu verwenden sein sollen (Sari et al., 2016).

In Bezug auf eingesetzte Technologien spielen vor allem Authentifikation und Verschlüsselung eine besondere Rolle im Alltag der User. Die beiden großen Anbieter von mobilen Betriebssystemen (Apple und Google) haben die immer größer werdende Bedeutung von Datenschutz auch in ihren Systemen bedacht. Verschlüsselung von Daten ist eines der Kernelement von iOS und Android. Authentifikation findet hauptsächlich durch Pins und grafische Methoden statt. Anhand eines Vergleichs aktueller Geräte kann jedoch aufgezeigt werden, dass in Zukunft biometrische Formen der Authentifikation immer wichtiger für die User werden, da diese aufgrund ihrer leichten Einsetzbarkeit perfekt für den Alltag geeignet sind.

In Zukunft werden sich die Technologien für den Datenschutz weiter verändern, um für User eine verbesserte Nutzerfahrung zu bieten, vor allem eine Vereinfachung des Entsperrprozesses von Smartphones kann damit verwirklicht werden. Am vielversprechendsten ist Authentifikation mittels kontinuierlichen Erkennens der User, diese Form der Authentifikation erzielt schon heute Erfolgsraten von 95% und mehr (Ehatisham-ul-Haq et al., 2018; Feng et al., 2012; Yang et al., 2019). Aber auch andere Dinge werden in Zukunft den Umgang mit Datenschutz beeinflussen, allen voran die kürzlich in Kraft getretene Datenschutzgrundverordnung und der Einsatz großer Unternehmen im Tech-Sektor, die ihren Teil zu einem sicheren System für User und deren Daten beitragen.

7. Zusammenfassung

Aufbauend auf die dargelegten Ergebnisse kann gesagt werden, dass es einige Unklarheiten im Bereich des Datenschutzes gibt. Hierzu zählen beispielsweise fehlende Ergebnisse oder Studien über den Einsatz und Erfolg der verschiedenen Methoden zum Schutz von Daten, aber auch die Motivation warum User zu bestimmten Methoden greifen bzw. warum nicht. Die genannten Modelle von Al-Hadadi und Shidhani (2013) und Kusyanti und Prastanti (2017) versuchen zwar einen Überblick zu verschaffen, wie erfolgreich sie in der Praxis sind, kann leider nicht festgestellt werden.

Andere Einflüsse auf Datenschutz und Sicherung von Daten können Innovationen darstellen, der Trend zur kontinuierlichen Authentifikation rührt von einer inkrementellen Innovation. Auch andere Methoden und Techniken zur Authentifikation kommen durch inkrementelle Innovation zustande. Die Frage, die sich nun stellt: Ist in diesem Bereich auch disruptive Innovation möglich? Wenn ja, was benötigt es um etwas vollkommen Neues in diesem Sektor zu erschaffen?

Der vielleicht wichtigste Punkt für die Zukunft ist jedoch der Einfluss von externen Faktoren auf den Schutz der persönlichen und sensiblen Daten. In der Vergangenheit kam es immer wieder zu Konfrontationen zwischen Behörden und Unternehmen, weil diese sich weigerten die Smartphones ihrer Kunden zu entschlüsseln, damit die Daten auf diesen für Strafverfahren genutzt werden können (Kremp, 2015). Aber auch die Nähe von Unternehmen zu Regierungen wird immer häufiger als Problem für den Datenschutz in den Ring geworfen, aktuellstes Beispiel ist der Vorwurf der westlichen Hemisphäre, dass Huawei geheime Daten für Chinas Regierungsapparat sammelt (Die Presse, 2019). Hier eröffnen sich viele Anknüpfungspunkte: Wie wird in Zukunft mit diesen externen Einflüssen umgegangen? Welche Rolle spielen die unterschiedlichen Akteure (Regierungen, Unternehmen, etc.) dabei? Wie werden die User dadurch beeinflusst?

Abschließend ist zu sagen, dass Datenschutz eine wichtige Rolle im Leben vieler User spielt, das Bewusstsein darüber was mit den persönlichen Daten passiert, wird aktuell immer größer. Bis heute ist allerdings unklar in welche Richtung sich der Datenschutz im mobilen Gerätebereich entwickeln wird, dies hängt vor allem von unterschiedlichen Einflüssen und dem Verhalten der User ab.

8. Literaturverzeichnis

Agrawal, D. D., & Kulurkar, P. (2016). A Cloud-based System for Enhancing Security of Android Devices using Modern Encryption Standard – II Algorithm. *International Journal of Innovations & Advancement in Computer Science*, 60–66. Retrieved from http://academicscience.co.in/admin/resources/project/paper/f201605021462177046.pdf

Al-Hadadi, M., & Shidhani, A. A. (2013). Smartphone security awareness: Time to act. In *Proceedings of the 2013 International Conference on the Current Trends in Information Technology: 11 - 12 December, 2013 at Dubai Women's College, Dubai, United Arab Emirates* (pp. 166–171). Piscataway, NJ: IEEE. https://doi.org/10.1109/CTIT.2013.6749496

Alomari, M. A., Samsudin, K., & Ramli, A. R. (2014). Implementation of a Parallel XTS Encryption Mode of Operation. *Indian Journal of Science and Technology*, *7*, 1813–1819. https://doi.org/10.17485/ijst/2014/v7i11/41468

Altuwaijri, H., & Ghouzali, S. (2018). Android data storage security: A review. *Journal of King Saud University - Computer and Information Sciences.* Advance online publication. https://doi.org/10.1016/j.jksuci.2018.07.004

Apple Inc. (2018a). iOS Security: iOS 12.1. Retrieved from https://www.apple.com/business/site/docs/iOS_Security_Guide.pdf

Apple Inc. (2018b). iPhone XS Product Page. Retrieved from https://www.apple.com/iphone-xs/

Ben-Asher, N., Kirschnick, N., Sieger, H., Meyer, J., Ben-Oved, A., & Möller, S. (2011). On the need for different security methods on mobile phones. In M. Bylund (Ed.), *Proceedings of the 13th International Conference on Human Computer Interaction with Mobile Devices and Services* (p. 465). New York, NY: ACM. https://doi.org/10.1145/2037373.2037442

Brandom, R. (2016). Your phone's biggest vulnerability is your fingerprint. Retrieved from https://www.theverge.com/2016/5/2/11540962/iphone-samsung-fingerprint-duplicate-hack-security

Chin, E., Felt, A. P., Sekar, V., & Wagner, D. (2012). Measuring user confidence in smartphone security and privacy. In L. F. Cranor (Ed.), *Proceedings of the Eighth Symposium on Usable Privacy and Security* (p. 1). New York, NY: ACM. https://doi.org/10.1145/2335356.2335358

Clover, J. (2013). iOS 7 Beta 4 Tidbits: Lockscreen Redesign, Notification Center Improvements and New Search Options. Retrieved from https://www.macrumors.com/2013/07/29/ios-7-beta-4-tidbits-lockscreen-redesign-notifica-tion-center-improvements-and-new-search-options/

Crain, M. (2015). The Biggest Myth About Phone Privacy. Retrieved from
http://www.bbc.com/future/story/20150206-biggest-myth-about-phone-privacy

Crouse, D., Han, H., Chandra, D., Barbello, B., & Jain, A. (2015). Continuous authentication of mobile user: Fusion of face image and inertial Measurement Unit data. In *2015 International Conference on Biometrics (ICB): 19 - 22 May 2015, Phuket, Thailand* (pp. 135–142). Piscataway, NJ: IEEE. https://doi.org/10.1109/ICB.2015.7139043

Cruz, V. (2019). Advances in artificial intelligence threaten privacy of health data. Retrieved from https://marketbusinessnews.com/artificial-intelligence-health-data/193677/

Deane, M. (2018). AI and the Future of Privacy. Retrieved from https://towardsdatasci-ence.com/ai-and-the-future-of-privacy-3d5f6552a7c4

Die Presse. (2019). Huawei-Gründer: Spionieren nicht für die chinesische Regierung. Re-trieved from https://diepresse.com/home/wirtschaft/unterneh-men/5561435/HuaweiGruender_Spionieren-nicht-fuer-die-chinesische-Regierung

Egelman, S., Jain, S., Portnoff, R. S., Liao, K., Consolvo, S., & Wagner, D. (2014). Are You Ready to Lock? In G.-J. Ahn, M. Yung, & N. Li (Eds.), *Proceedings of the 2014 ACM SIGSAC Conference on Computer and Communications Security - CCS '14* (pp. 750–761). New York, New York, USA: ACM Press. https://doi.org/10.1145/2660267.2660273

Ehatisham-ul-Haq, M., Awais Azam, M., Naeem, U., Amin, Y., & Loo, J. (2018). Continuous authentication of smartphone users based on activity pattern recognition using passive mobile sensing. *Journal of Network and Computer Applications*, *109*, 24–35. https://doi.org/10.1016/j.jnca.2018.02.020

Feng, T., Liu, Z., Kwon, K.-A., Shi, W., Carbunar, B., Jiang, Y., & Nguyen, N. (2012). Continuous mobile authentication using touchscreen gestures. In *2012 IEEE International Conference on Technologies for Homeland Security: [13-15 November 2012, Waltham, MA]* (pp. 451–456). Piscataway, NJ: IEEE. https://doi.org/10.1109/THS.2012.6459891

Finextra. (2017). Mobile Technology, Its Importance, Present And Future Trends. Retrieved from https://www.finextra.com/blogposting/14000/mobile-technology-its-importance-pre-sent-and-future-trends

Forsblom, N. (2015). Were You Aware of All These Sensors In Your Smartphone? Retrieved from https://blog.adtile.me/2015/11/12/were-you-aware-of-all-these-sensors-in-your-smartphone/

Galdi, C., Nappi, M., Dugelay, J.-L., & Yu, Y. (2018). Exploring New Authentication Protocols for Sensitive Data Protection on Smartphones. *IEEE Communications Magazine, 56*, 136–142. https://doi.org/10.1109/MCOM.2017.1700342

Gartner. (2018). Gartner Says Worldwide Sales of Smartphones Recorded First Ever Decline During the Fourth Quarter of 2017. Retrieved from https://www.gartner.com/en/newsroom/press-releases/2018-02-22-gartner-says-worldwide-sales-of-smartphones-recorded-first-ever-decline-during-the-fourth-quarter-of-2017

Gewirtz, D. (2019). Smartphones: Is there any innovation left in this market? Retrieved from https://www.zdnet.com/article/smartphones-is-there-any-innovation-left-in-this-market/

Google Inc. (2018). Pixel 3 XL Product Page. Retrieved from https://store.google.com/gb/product/pixel_3

Goth, G. (2012). Mobile Security Issues Come to the Forefront. *IEEE Internet Computing, 16*, 7–9. https://doi.org/10.1109/MIC.2012.54

Guinness, H. (2018). How Secure Are Face ID and Touch ID? Retrieved from https://www.howtogeek.com/350676/how-secure-are-face-id-and-touch-id/

Gupta, S., Buriro, A., & Crispo, B. (2018). Demystifying Authentication Concepts in Smartphones: Ways and Types to Secure Access. *Mobile Information Systems, 2018*, 1–16. https://doi.org/10.1155/2018/2649598

Harbach, M., Zezschwitz, E. v., Fichtner, A., Luca, A. de, & Smith, M. (2014). It's a Hard Lock Life: A Field Study of Smartphone (Un)Locking Behavior and Risk Perception. In (pp. 213–230). Retrieved from https://www.usenix.org/system/files/conference/soups2014/soups14-paper-harbach.pdf

Hassenzahl, M. (2010). Experience Design: Technology for All the Right Reasons. *Synthesis Lectures on Human-Centered Informatics, 3*, 1–95. https://doi.org/10.2200/S00261ED1V01Y201003HCI008

Hruska, J. (2016). Android 6.0 Marshmallow makes full-disk encryption mandatory for most new devices. Retrieved from https://www.extremetech.com/mobile/216560-android-6-0-marshmallow-makes-full-disk-encryption-mandatory-for-most-new-devices

Huawei. (2018). Mate 20 Pro Product Page. Retrieved from https://consumer.huawei.com/en/phones/mate20-pro/

Jacobson, M., Locasto, M., Mohassel, P., Safavi-Naini, R., Müller, T., & Spreitzenbarth, M. (Eds.) 2013. *FROST: Applied Cryptography and Network Security*: Springer Berlin Heidelberg.

Janssen, J.-K. (2017). Samsung Galaxy S8 angetestet: Gesichtserkennung lässt sich mit Foto überlisten. Retrieved from https://www.heise.de/newsticker/meldung/Samsung-Galaxy-S8-angetestet-Gesichtserkennung-laesst-sich-mit-Foto-ueberlisten-3682421.html

Kanade, S. G., Petrovska-Delacrétaz, D., & Dorizzi, B. (2012). Enhancing Information Security and Privacy by Combining Biometrics with Cryptography. *Synthesis Lectures on Information Security, Privacy, and Trust, 3*, 1–140. https://doi.org/10.2200/S00417ED1V01Y201205SPT003

Kraus, L., Wechsung, I., & Möller, S. (2017). Psychological needs as motivators for security and privacy actions on smartphones. *Journal of Information Security and Applications, 34*, 34–45. https://doi.org/10.1016/j.jisa.2016.10.002

Kremp, M. (2015). Apple widersetzt sich FBI-Forderung. Retrieved from http://www.spiegel.de/netzwelt/gadgets/apple-fbi-will-hilfe-beim-iphone-knacken-konzern-wehrt-sich-a-1077769.html

Kroeze, C. J., & Malan, K. M. (2016). User Authentication based on Continuous Touch Biometrics. *South African Computer Journal, 28*. https://doi.org/10.18489/sacj.v28i2.374

Kusyanti, A., & Prastanti, N. D. (2017). The role of privacy, security and trust in user acceptance of smartphone user in Indonesia. In ICoICT (Ed.), *2017 Fifth International Conference on Information and Communication Technology (ICoICT)* (pp. 1–6). Piscataway, NJ: IEEE. https://doi.org/10.1109/ICoICT.2017.8074674

Lee, M.-K., Kim, J. B., & Franklin, M. K. (2016). Enhancing the Security of Personal Identification Numbers with Three-Dimensional Displays. *Mobile Information Systems, 2016*, 1–9. https://doi.org/10.1155/2016/8019830

Marcel. (2013). Android Screen Lock Pattern Repertoire. Retrieved from http://marceluniverse.blogspot.com/2013/03/android-screen-lock-pattern-repertoire.html

Maslow, A. H. (1970). A theory of human motivation. In *Organization theories* (pp. 143–166). Columbus, Ohio: Merrill.

Olaleye, S. B., Ranjan, I., & Ojha, S. (2017). SoloEncrypt: A Smartphone Storage Enhancement Security Model for Securing users Sensitive Data. *Indian Journal of Science and Technology, 10*, 1–8. https://doi.org/10.17485/ijst/2017/v10i8/104511

Pickup, O. (2017). What does the future look like for smartphone security? Retrieved from https://www.telegraph.co.uk/business/open-economy/future-of-smartphone-security/

Price, D. (2018). Which Smartphone has the best Security? Retrieved from https://www.makeuseof.com/tag/smartphone-security-iphone-samsung-google/

Rashidi, Y., & Vaniea, K. (2015). *Poster: A User Study of WhatsApp Privacy Settings Among Arab Users*: IEEE. Retrieved from https://www.research.ed.ac.uk/portal/files/22240887/Rashidi_and_Vaniea_2015_Poster_A_User_Study.pdf

Ritchie, R. (2018). Big news about Apple, GDPR, and your privacy: Apple puts its software where its privacy commitment is. Retrieved from https://www.imore.com/apple-gdpr-privacy

Samsung. (2018). Galaxy S9 Product Page. Retrieved from https://www.samsung.com/us/smartphones/galaxy-s9/

Sari, P. K., Ratnasari, G. S., & Prasetio, A. (2016). An evaluation of authentication methods for smartphone based on users' preferences. *IOP Conference Series: Materials Science and Engineering, 128,* 12036. https://doi.org/10.1088/1757-899X/128/1/012036

Schlöglhofer, R., & Sametinger, J. (2012). Secure and usable authentication on mobile devices. In E. Pardede (Ed.), *Proceedings of the 10th International Conference on Advances in Mobile Computing & Multimedia* (p. 257). New York, NY: ACM. https://doi.org/10.1145/2428955.2429004

Schneider, F. B. (2005). Something You Know, Have, or Are. Retrieved from https://www.cs.cornell.edu/courses/cs513/2005fa/NNLauthPeople.html

Schwan, B. (2017). iPhone X: Vietnamesische Sicherheitsforscher umgehen Face ID mit Maske. Retrieved from https://www.heise.de/mac-and-i/meldung/iPhone-X-Vietnamesische-Sicherheitsforscher-umgehen-Face-ID-mit-Maske-3888659.html

Smith-Creasey, M., & Rajarajan, M. (2017, August - 2017, August). Adaptive Threshold Scheme for Touchscreen Gesture Continuous Authentication Using Sensor Trust. In *2017 IEEE Trustcom/BigDataSE/ICESS* (pp. 554–561). IEEE. https://doi.org/10.1109/Trustcom/BigDataSE/ICESS.2017.284

Temming, M. (2018). Smartphones put your privacy at risk. Retrieved from https://www.sciencenewsforstudents.org/article/smartphones-put-your-privacy-risk

Temper, M., Tjoa, S., & Kaiser, M. (2016). Touch to Authenticate — Continuous Biometric Authentication on Mobile Devices. In J. Ryoo & H. Kim (Eds.), *2015 First International Conference on Software Security and Assurance: ICSSA 2015 : proceedings : Suwon, Gyeonggi, South Korea, 27 July 2015* (pp. 30–35). Los Alamitos, California, Washington, Tokyo: Conference Publishing Services, IEEE Computer Society. https://doi.org/10.1109/ICSSA.2015.016

Teufl, P., Fitzek, A., Hein, D., Marsalek, A., Oprisnik, A., & Zefferer, T. (2014, May - 2014, May). Android encryption systems. In *2014 International Conference on Privacy and*

Security in Mobile Systems (PRISMS) (pp. 1–8). IEEE. https://doi.org/10.1109/PRISMS.2014.6970599

Theofanos, M. F., Micheals, R. J., & Stanton, B. C. (2009). Biometrics Systems Include Users. *IEEE Systems Journal, 3*, 461–468. https://doi.org/10.1109/JSYST.2009.2037792

Veitinger, T. (2019). Apple: Nicht anwesend, aber Thema auf der CES. Retrieved from https://www.swp.de/wirtschaft/apple_-nicht-anwesend_-aber-thema-auf-der-ces-28972145.html

Wang, Zhaohui, Murmuria, R., & Stavrou, A. (2012). Implementing and Optimizing an Encryption Filesystem on Android. *Undefined*. Retrieved from http://ieeexplore.ieee.org/stamp/stamp.jsp?tp=&arnumber=6341374

Wu, J.-S., Lin, W.-C., Lin, C.-T., & Wei, T.-E. (2015). Smartphone continuous authentication based on keystroke and gesture profiling. In *ICCST 2015: The 49th IEEE International Carnahan Conference on Security Technology : September 21-24, Taipei, Taiwan, R.O.C* (pp. 191–197). [Piscataway, NJ]: IEEE. https://doi.org/10.1109/CCST.2015.7389681

Yang, Y., Guo, B., Wang, Zhu, Li, M., Yu, Z., & Zhou, X. (2019). BehaveSense: Continuous authentication for security-sensitive mobile apps using behavioral biometrics. *Ad Hoc Networks, 84*, 9–18. https://doi.org/10.1016/j.adhoc.2018.09.015

9. Appendix

Gefahren-Modell	
Physische Gefahren	
Evil Maid Attack	Der Angreifer beschafft sich über physischen Weg Zugriff auf die Daten des mobilen Gerätes.
Cold Boot Attack	Zugang auf das System im ausgeschalteten Zustand, damit der Arbeitsspeicher des Gerätes ausgelesen werden kann.
Row Hammer Attack	Bei Row Hammer handelt es sich um Konstruktionsfehler, bei dem Zugriff auf Speicherbausteine möglich ist, ohne dass es Schreibzugriff auf diese gibt.
Software Gefahren	
Malware Attack	Software auf einem Gerät, welche unerwünschte bzw. Schädliche Folgen für den User besitzt.
Poor App Development	Schwachstellen in Apps bilden ein Sicherheitsrisiko für den User
Attacks based on device public Information	Verwendung von Daten, welche den Apps zur Verfügung gestellt wird um verwendet zu werden. Diese Informationen werden für schadhafte Zwecke missbraucht.
Rooting	Umgehen der Grenzen und Beschränkungen von Seiten der Hersteller, dadurch wird das Gerät softwareseitig anfälliger für Attacken und Missbrauch von Daten.
Flawed Factory Reset and Remote Wiping	Fernlöschung oder Zurücksetzen des Gerätes auf Werkzustand mittels Managerapplikation des Herstellers.

Tabelle III - Detailbeschreibung des Gefahrenmodells nach Altuwaijri und Ghouzali (2018)

Authentifikationstyp	Beschreibung
One-Shot	User wird am Beginn der Sitzung mittels Zugriffsberechtigung verifiziert und erhält damit Zugriff auf die Daten.
Periodisch	Form der One-Shot Authentifikation, bei der man nach Zeitablauf die Verifizierung erneut durchführen muss.
Single Sign-On	Einmaliges authentifizieren für eine oder mehrere Anwendungen und diese solange aktiv bleibt, bis der User sich abmeldet.
Multifactor	Zur Authentifizierung werden mehr als eine Methode herangezogen, z.B. 2-Faktor-Authentifikation.
Static	Fix zugewiesene Mechanismen und Methoden ermöglichen die Authentifikation.
Dynamic	Dynamisch wechselnde Mechanismen und Methoden ermöglichen die Authentifikation.
Continous	Die Authentifizierung findet kontinuierlich während der Benutzung des Gerätes statt.
Risk-Based	Authentifikationstyp, welcher sich auf ein Risiko-Faktor stützt und damit feststellt, ob es sich um einen riskanten bzw. ungewollten Zugriff handelt.
Adaptive	Verschiedene Umstände verändern den Authentifikationsablauf und verhindern den ungewollten Zugriff.
Unimodal	Authentifikation mittels einer einzigen biometrischen Eigenschaft
Multimodal	Authentifikation mittels zwei oder mehr biometrischen Eigenschaften in kombinierter Form.

Tabelle IV - Detailbeschreibung der verschiedenen Authentifikationstypen nach Gupta et al. (2018)

BEI GRIN MACHT SICH IHR WISSEN BEZAHLT

- Wir veröffentlichen Ihre Hausarbeit,
  Bachelor- und Masterarbeit

- Ihr eigenes eBook und Buch -
  weltweit in allen wichtigen Shops

- Verdienen Sie an jedem Verkauf

Jetzt bei www.GRIN.com hochladen
und kostenlos publizieren